10 PASSOS

para você se tornar o seu mestre

Dados Internacionais de Catalogação na Publicação (CIP)
(Câmara Brasileira do Livro, SP, Brasil)

Telles, Izabel
  10 passos para você se tornar o seu mestre : exercícios potentes para treinar sua mente e mudar sua vida / Izabel Telles. – São Paulo : Ágora, 2005.

  ISBN 85-7183-004-5

  1. Auto-ajuda – Técnica 2. Autotransformação – Técnicas 3. Imagens mentais I. Título.

05-7159   CDD-158.1

Índice para catálogo sistemático:

1. Auto-ajuda : Psicologia aplicada   158.1
2. Autotransformação : Exercícios : Psicologia aplicada   158.1

Compre em lugar de fotocopiar.
Cada real que você dá por um livro recompensa seus autores
e os convida a produzir mais sobre o tema;
incentiva seus editores a encomendar, traduzir e publicar
outras obras sobre o assunto;
e paga aos livreiros por estocar e levar até você livros
para a sua informação e o seu entretenimento.
Cada real que você dá pela fotocópia não autorizada de um livro
financia um crime
e ajuda a matar a produção intelectual em todo o país.

10 PASSOS

para você se tornar o seu mestre

Exercícios potentes para treinar sua mente e mudar sua vida

Izabel Telles

EDITORA
ÁGORA

10 PASSOS PARA VOCÊ SE TORNAR O SEU MESTRE
Exercícios potentes para
treinar sua mente e mudar sua vida
Copyright © 2005 by Izabel Telles
Direitos desta edição reservados por Summus Editorial

Assistência editorial: **Soraia Bini Cury**
Assistência de produção: **Claudia Agnelli**
Capa: **Casa de Idéias**
Projeto gráfico e diagramação: **Casa de Idéias**
Fotolitos: **Join Bureau**

Este livro não pretende substituir qualquer tratamento médico.

Editora Ágora
Departamento editorial:
Rua Itapicuru, 613 – 7º andar
05006-000 – São Paulo – SP
Fone: (11) 3872-3322
Fax: (11) 3872-7476
http://www.editoraagora.com.br
e-mail: agora@editoraagora.com.br

Atendimento ao consumidor:
Summus Editorial
Fone: (11) 3865-9890

Vendas por atacado:
Fone: (11) 3873-8638
Fax: (11) 3873-7085
e-mail: vendas@summus.com.br

Impresso no Brasil

Caro leitor,

Este pequeno livro não é para ser lido de uma vez: é para ser lido em 77 dias.

Por quê?

Porque cada lição deve ser lida, relida e praticada por sete dias.

Feito isso, você pode passar para o passo seguinte.

Quando terminar o décimo passo, você deve voltar para o primeiro e verá como sua prática faz cada vez mais sentido.

Os dez passos foram testados por milhares de pessoas, traduzidos para cinco idiomas e publicados semanalmente no site www.somostodosum.com.br.

As respostas foram tão significativas que me animei a transformar essa experiência neste pequeno livro que você pode levar aonde quiser.

É como um manual que tem a intenção de ensinar a viver melhor, bem longe dos conflitos e bem perto do entendimento de por que eles acontecem.

Fique na luz, na bondade e na alegria.

E aproveite ao máximo este livro.

Amorosamente,
Izabel Telles

*Tudo que sei, sou e pratico é a síntese daquilo que vou observando, vivenciando, aprendendo com todos os que passaram, passam e vão passar pela minha vida.
A todos eles, com profundo agradecimento, dedico este pequeno livro.*

Estava revisando as provas deste livro meditando sobre como a presença do dr. Gerald Epstein está marcada nele. Senti subitamente muita saudade dele e de suas aulas tão profundas, sábias, cheias de ensinamentos. Parei a leitura, dei um profundo suspiro e me veio uma incrível vontade de falar com ele. Nesse momento, o telefone tocou. Imediatamente atendi e, do outro lado da linha, uma voz feminina me perguntou: "Você tem, por acaso, o telefone do dr. Epstein?" Dei o número do telefone e fiquei mais uma vez maravilhada com a mágica do universo!

Sumário

Apresentação 11

PRIMEIRO PASSO
Imagens mentais: uma forma de iluminar sua vida 15

SEGUNDO PASSO
Usando imagens mentais para acalmar o coração 25

TERCEIRO PASSO
Praticando as imagens mentais para romper
comportamentos repetitivos 33

QUARTO PASSO
Primeiro veja sempre o que é bom 41

QUINTO PASSO
Praticando exercícios com imagens mentais
para se libertar dos opressores 49

SEXTO PASSO
Conhecendo um pouco mais o cérebro humano
como função da mente 61

SÉTIMO PASSO
A parte contém o todo 69

OITAVO PASSO
A mente, como o corpo, precisa de musculação 77

NONO PASSO
Observar, relembrar e refotografar 85

DÉCIMO PASSO
O poder do aqui e do agora 95

Apresentação

Este pequeno livro é na verdade uma libertadora "obra de arte". Está a partir de agora em suas mãos um instrumento de poder real, a força viva para transformar-se – de verdade – no único dono, no mestre de sua vida, saindo de condicionamentos, controles, conceitos enraizados que foram impostos, encravados à revelia em suas células, em algum canto obscuro de sua mente.

Você dispõe de algo que, em alguns anos, será utilizado de forma absolutamente ampla e normal por grande parte da população do planeta para resolver de maneira simples, rápida e efetiva a maioria de seus traumas, dores, desarmonias e conflitos.

Este pequeno livro tem por objetivo levar uma profunda e prática sabedoria a quem não teve a possibilidade de usufruí-la pela internet, nas páginas do site www.somostodosum.com.br, no qual dez capítulos publicados semanalmente – traduzidos também para o inglês, o espanhol, o francês, o italiano e o alemão – foram lidos mais de duzentas mil vezes.

Isso mostra a eficácia dos exercícios propostos, divulgados boca a boca pelos usuários que, beneficiados pela prática, os indicavam a amigos e familiares.

Desejo de coração que você também venha fazer parte desse enorme grupo de pessoas que formará a preciosa "massa crítica", a espinha dorsal da transformação, da mudança interior individual tão necessária e que representa, em meu conceito, a única saída para a humanidade, hoje tão egoísta, dividida e perdida. A cura da grande alma do mundo se dará, inevitavelmente, pela expansão da consciência de boa parte das almas individuais.

Realizando com perseverança e alegria os exercícios propostos, você atingirá níveis de capacitação, serenidade e percepção da realidade que proporcionarão uma virada correta e permanente em sua vida, beneficiando também, de forma profunda e amorosa, inúmeras pessoas à sua volta.

Garanto a você que me beneficiei e continuo me beneficiando de maneira extraordinária dessa preciosa técnica que entrou em minha vida para valer por meio da autora, a grande amiga/irmã Izabel Telles, que, utilizando seu incrível dom e sua fabulosa capacidade de levar luz aos seres humanos, consegue criar exercícios perfeitos, claros e diria até mágicos, num simples piscar de olhos!

SOMOS TODOS UM SÓ!

Sergio Scabia
Co-fundador do site www.somostodosum.com.br

PRIMEIRO PASSO

Imagens mentais: uma forma
de iluminar sua vida

Mas, afinal, o que são imagens mentais? Imagens mentais são literalmente fotografias que a mente cria para expressar, registrar, arquivar e repetir a qualidade de nossas emoções.

Na fenomenologia elas são consideradas o caminho do coração – aquele veículo que liga o mundo invisível ao mundo visível, uma forma original de refazer nossa ligação com a Fonte – que tudo sabe e tudo vê. A imagem é a linguagem natural da mente. Todas as noites, ao sonharmos, entramos em contato com essa linguagem.

O trabalho que faço no meu consultório é uma outra maneira de conhecer essas imagens. Uso meu dom para entrar nesse mundo holográfico e saber quais são as imagens que estão impedindo aquele ser de encontrar sua missão nesta vida e seguir o caminho que leva à felicidade. Ao identificar essas imagens, crio exercícios para a pessoa praticar sozinha, em casa, até que consiga mudar o padrão, a crença que formou a imagem. Porque criar imagens é dar forma a uma crença.

Acessando esse mundo holográfico ficamos sabendo o que nossa mente imaginária anda pensando, criando e registrando. Sim, porque primeiro a mente é alimentada com nossos pensamentos (nossas crenças) e depois essas crenças se transformam em imagens, e essas imagens, em experiências.

O ser humano precisa dessas imagens para se sentir vivo. Desprovido delas ele perde seu referencial. Fomos guiados pelas imagens desde que viemos a este mundo. E elas foram reproduzidas desde as cavernas mais antigas, em toda a comunicação do Velho Egito, da antiga Europa e assim por diante. Se você estudar a Bíblia verá que esse livro sagrado é um roteiro cinematográfico, repleto de imagens. Moisés abrindo o mar Vermelho para os judeus encontrarem sua tão sonhada liberdade, o bezerro de ouro que eles construíram para adorar um Deus concreto e tangível; enfim, milhares de metáforas que mostram que precisamos ter algo "real" para concretizar nossos sentimentos e emoções. Essas imagens penetram na nossa mente criativa e buscam sua concretização no mundo da ação. Por isso elas são tão fundamentais em nossa vida.

Portanto, crenças criam imagens que criam comportamentos.

O uso das imagens mentais como técnica de cura tem mais ou menos cinco mil anos e esse conhecimento sempre foi aplicado para criar unidade entre o corpo, a mente e o espírito, não só no Ocidente, mas também no Oriente.

Os egípcios usavam esse recurso com a intenção de contatar o mundo invisível, para curar e aconselhar.

Eis um exemplo de como essas imagens são formadas.

Uma cliente minha me perguntou, depois que terminei a visualização das imagens de sua mente:

"Izabel, por que nossa mente grava mais imagens de infelicidade, dor, depressão, fracasso e desesperança do que imagens positivas de triunfo, júbilo e esperança?"

Primeiro lembrei a ela um antigo ditado: *A mente grava a felicidade na areia e a infelicidade na pedra.* Em seguida, disse: "Para mim, a mente, com seus bilhões de células sensitivas espalhadas por todo o corpo, transforma os impactos emocionais que vivenciamos em sentimentos registrados no seu campo holográfico como imagens, que se transformam nas experiências do nosso dia-a-dia. E, como você sabe, as imagens negativas causam um impacto muito maior do que as positivas. Isso ocorre porque, geralmente, elas são seguidas de sons, gestos corporais, tensões e um aparato teatral/emocional/hormonal que impressiona a mente de forma mais rápida".

Mas o que há de mais importante nisso tudo é saber que podemos influenciar esse estado de coisas usando para isso várias técnicas, e aqui vou falar daquela que pratico: exercícios com imagens mentais. **Por meio deles podemos entrar na nossa mente todos os dias e levar até ela uma nova imagem, que poderá substituir**

aquela já existente, criar a solução do conflito e receber luz. Chamamos isso de processo de reversão, ou seja, fazer exatamente o contrário daquilo a que estamos habituados.

Assim, podemos ajudar a mente a receber nossos impactos positivos de forma tão marcante e intensa como quando ela recebe nossos impactos negativos, substituindo uma crença negativa por uma positiva, mudando assim o rumo de nossa vida.

Passemos, então, ao exercício, que deve ser feito sempre ao acordar. Minha intenção é fazer que você limpe seu corpo e traga luz para sua vida. Sente-se com os pés firmemente apoiados no chão, coloque as palmas das mãos sobre as pernas, feche os olhos, respire lentamente três vezes e leve sua atenção para o título deste exercício, que vai durar apenas alguns segundos.

Exercício da grande limpeza

Então, veja, sinta, perceba ou imagine seu corpo como um imenso ímã que atrai uma montanha de sucata inútil. Essa sucata representa todos os seus pensamentos tóxicos que alimentam suas crenças negativas.

Respire uma vez e imagine um gigantesco aspirador de pó sugando todo esse lixo e desintegrando essa toxicidade no espaço.

Veja ou imagine agora esse mesmo ímã atraindo para seu campo tudo aquilo que você mais deseja, formando uma nova crença iluminada e positiva em sua mente.

Então, respire e abra os olhos.

Como você se sente?

Se foi positivo, repita esse exercício durante sete dias, sempre ao acordar e antes de se deitar. Você pode gravar a instrução usando sua voz. Uma voz normal, sem tom de relaxamento.

Exercícios com imagens da mente não são relaxamentos ou meditações: são uma forma eficiente de trabalho, reversão, limpeza e iluminação.

SEGUNDO PASSO

Usando imagens mentais para acalmar o coração

No primeiro passo você viu como nossa mente cria imagens para qualificar nossas crenças e como essas imagens se transformam em experiências no nosso dia-a-dia. Por exemplo: vi na mente de uma paciente uma mulher toda encolhida morando dentro de um iglu, cercado de gelo por todos os lados. No mundo acordado ela identificou essas imagens como sua experiência de não ser mais desejada pelo marido. A falta de contato com ele formou na sua mente uma imagem de frieza e abandono, distância e isolamento.

Você aprendeu, portanto, que **experimentamos aquilo em que acreditamos**. Para essa mulher, o marido está evitando um contato com ela; portanto, a mente foi buscar uma representação simbólica desse afastamento e "fotografou" a experiência no Pólo Norte, num iglu gelado e isolado, trazendo para a vida dela exatamente essa sensação de ser frígida, sem prazer sexual. Para que essa imagem tenha força em sua vida, todo o seu visual, seus gestos, seus hormônios e suas palavras estão revelando esse ressentimento.

No primeiro passo, você também tomou conhecimento de que as imagens mentais podem ser um caminho bem rápido para acessar nossas crenças e reverter nossos padrões de ação. Leu sobre o ditado oriental que prega que o ser humano grava sua felicidade na areia e sua infelicidade na pedra, além de ter prometido que isso não viraria uma crença na sua mente. Fez, durante esses sete dias que passaram, o exercício da grande limpeza e concluiu que exercícios com imagens mentais não são formas de relaxar ou meditar, mas ações de trabalho de transformação e iluminação. Por isso é obrigatório fazê-los na posição sentada.

Agora você saberá mais sobre o mundo das imagens mentais e se surpreenderá ao contatar a inteligência de seu coração.

O coração é o centro do amor e os cientistas já provaram que ele tem uma inteligência própria. Eles também estão dizendo o que alguns ocidentais e orientais afirmam há milhares de anos: há uma conexão entre o coração, o corpo físico e o que eles chamam de cérebro emocional. Para muitos de nós, todas essas partes são funções da mente.

Nosso coração revela, no seu ritmo, se estamos vivenciando um momento de calmaria ou um caos. Se estamos vivendo no caos, nada na nossa vida pode lembrar um rio silencioso que desce mansamente a encosta de uma montanha. O caos nos transforma num furacão violento e instável que devora nosso controle e nossa paz. Perceba isso nas próximas cenas de guerra a que assistir na televisão (evite-as ao máximo, porque a mente não distingue ficção da realidade: ela pode gravar a guerra como sendo sua). Mas, se estabelecemos em nosso coração a calma, experimentamos o tempo de ação da consciência e podemos gerir nossas emoções como observadores, e não como atores.

Tenho dito aos meus pacientes que a posição de OBSERVADOR pode ser uma boa saída para não entrarmos de cabeça nas cenas dos filmes que nossa mente cria. Observe-se e vá dizendo, amorosamente, sem críticas nem julgamentos. Apenas comente: "Olhe lá eu (diga seu nome no lugar do 'eu'), com taquicardia cada vez que alguém menciona o nome de fulano."

Isso é ser um observador.

Deixarei como lição de casa um exercício para você sentir a inteligência do coração e sua conexão com o corpo e o cérebro emocional. Lembre-se de que os exercícios com imagens mentais devem ser feitos sempre ao acordar e antes de se deitar. Você deve estar comodamente sentado, com os olhos fechados. Leve sua atenção para a intenção deste exercício.

Exercício do coração em paz

Comece por respirar três vezes lentamente e veja essa respiração entrando no seu coração. Sinta que é seu coração que respira lentamente e vai se transformando num doce pássaro azul brilhante que abre e fecha as asas bem estendidas em câmara lenta. Veja ou imagine esse pássaro limpando toda a sua área do peito, do cérebro, da barriga, onde quiser, como um beija-flor que tira o mel das flores, libertando-o do caos. Se uma causa específica estiver oprimindo qualquer parte de seu corpo, sinta o pássaro agindo nessa causa. Imagine e veja seu peito completamente livre, amplo e aberto. Sinta sua respiração calma e compassada. Então, liberte o pássaro, imaginando que ele se desprende de seu corpo e voa para um céu dourado. Imagine, veja e ouça seu novo coração batendo numa cadência perfeita. E, sentindo toda a calma do mundo, respire e abra os olhos.

Se tiver gostado do que sentiu, faça esse exercício durante sete dias, sempre ao acordar (você pode gravá-lo para garantir a repetição impecável da instrução).

TERCEIRO PASSO

Praticando as imagens mentais para romper comportamentos repetitivos

No primeiro passo você aprendeu que nossas crenças criam nossas experiências. E descobriu que realizar exercícios com imagens mentais pode ser um caminho efetivo para a reversão dessas crenças.

No segundo passo, você percebeu que há uma conexão eterna entre o corpo físico, o coração e o cérebro emocional. E que tal conexão pode ser provada por meio das imagens que todos recordamos ao sermos tocados numa área de nosso corpo, por um aroma ou paladar, vivenciando uma emoção ou sentimento, relembrando uma passagem significativa da vida ou um sonho, ouvindo uma música e muito mais. Nas terapias de regressão, essa conexão surge durante um leve transe que o facilitador aplica para que a pessoa possa quebrar suas resistências e acessar essas memórias. No meu trabalho, acesso essas imagens.

Você viu também que uma forma de apreender essas reações é nos tornarmos observadores de nós mesmos, pontuando amorosamente nossos comportamentos, experiências ou ações como se não fizéssemos parte deles, olhando "de fora" com a intenção de educar nosso sistema de crenças. Por exemplo: "Olhe eu (diga seu nome) insistindo, novamente, em acreditar que fulano (diga o nome da pessoa) vai mudar tal comportamento (diga o comportamento)".

No terceiro passo, vamos continuar a batalha contra nosso sistema de crenças insistindo na desabituação de nossos comportamentos e convicções. O que quero dizer com desabituar? Quero dizer, simplesmente, quebrar a rotina dos hábitos, deixar de praticar ou de repetir o mesmo padrão de comportamento.

A chave da desabituação é praticar todos os dias, dia e noite, a "presença no momento presente". E este "presente" quer mesmo dizer o presente que recebemos a cada minuto. O presente de estarmos vivos para renovar, criar, corrigir nossos erros e partir para uma outra ação, dessa vez saudável e curativa.

Estar inteiro no momento em que estamos vivendo. Sem o passado para culpar ou comparar, sem o futuro para prever. Tanto o passado quanto o futuro são tempos que não existem. E o que existe, então? Tão-somente o tempo presente.

Ficar no tempo presente é uma forma de deixarmos de experimentar a culpa, a ansiedade. Observe o rio. Veja como ele corre calmamente passando pelas pedras. Ele não tem pressa. Ele sabe que seu curso está desenhado na geografia do planeta e que terá de lamber cada pedra do caminho, uma por vez, cada galho tombado sobre seu curso, um de cada vez. Ele escorrega manso como uma serpente sábia sem pressa e sem medo. E, quando uma tempestade o atinge, aí ele entende que precisa ir mais rápido porque há mais água para escoar.

Nunca estivemos tão seguros de que a Nova Era será a era da escolha, do livre-arbítrio. Então, ESCOLHA mudar seus hábitos e seus comportamentos. Crie frases como estas:

Eu escolho ser saudável em vez de me sentir doente.

Eu escolho ser amado pelos meus filhos em vez de viver conflitos.

Eu escolho amar meu corpo em vez de maltratá-lo.

Crie frases que expressem sua vontade. Os mestres prometem que basta fazer a escolha com intenção e fé que eles cuidam para que aconteça. Faça sua escolha e repita suas frases centenas de vezes por, no mínimo, 21 dias.

Há uma infinita inteligência no universo. E você é parte dessa inteligência. Aprenda a validar suas escolhas.

Para ajudá-lo nessa prática, proponho um exercício como lição de casa durante os próximos sete dias. E, para criar esse exercício, vou usar uma imagem que captei na mente de uma paciente.

Na imagem, ela pulava sobre muitas torres com uma espada nas mãos. Ela lutava contra inimigos invisíveis saltando de um lado para o outro como uma rã frenética. Seus olhos rodavam 360 graus e sua respiração era ofegante e nervosa. Seu corpo tinha um aspecto enrijecido e frio e seu coração batia descompassado como um tambor enfurecido. "Ela lutava contra o passado e o futuro, contra milhões de hipóteses negativas e ameaçadoras; com suas centenas de 'Se eu não fizer', 'Se eles não me chamarem', 'Se o telefone não tocar', e 'Se eles descobrirem'".

Propus a ela o exercício de imagens mentais que poderia reverter o quadro. Se quiser, você também pode praticá-lo, durante sete dias, sempre ao acordar e antes de se deitar.

Sentado, com os olhos fechados e as mãos apoiadas nas pernas (com as palmas viradas para baixo), respire calmamente três vezes e leve sua atenção para a intenção deste exercício, que vai durar apenas alguns segundos.

Exercício do tempo presente

Veja, sinta, ouça e perceba-se pulando de uma torre para outra em busca de respostas para suas emoções. Sinta o desconforto dessa ansiedade e dessa dúvida vibrando em todo o seu corpo. Sinta um imenso cansaço e a inutilidade desse esforço que não tem fim. Quanto mais torres você pula, mais aparecem. Respire uma vez, olhe para baixo e veja ou imagine uma escada esperando por você. Desça rapidamente por essa escada até sentir-se seguro, com os pés firmes no chão. Saia correndo desse lugar. Corra muito, corra cada vez mais e veja na sua frente a porta de um orquidário. Abra essa porta e deslumbre-se com milhares de orquídeas brancas abrindo suas flores. Faça o tempo parar. Fixe sua visão nesse momento e experimente a calma e a sabedoria do presente durante dois segundos. Então, respire e abra os olhos.

QUARTO PASSO

Primeiro veja sempre
o que é bom

No primeiro passo você aprendeu que crenças criam experiências. No segundo, percebeu que há uma conexão inseparável entre corpo, mente e espírito. No terceiro, falamos sobre a desabituação, ou seja, quebrar a rotina da repetição de nossos padrões para abrir um espaço novo dentro da mente. Em todos eles observamos que exercícios com imagens mentais são uma forma simples, rápida, prática, eficiente e sem nenhum custo para você acessar seu mundo da criação; ver que imagem sua mente criou e reverter essa imagem para uma crença mais positiva e realizadora. A nova imagem fotografada pela sua mente criadora passa a substituir a velha que lá estava (desde que você repita a nova imagem muitas vezes até que ela se fixe na sua mente). Darei mais um exemplo que obtive na minha prática para você entender melhor o que estou dizendo.

Esteve em meu consultório uma paciente que é advogada. Quando entrei na sua mente criadora encontrei uma menina magrinha e pequenina, que andava por uma rua estreita e longa. Ela tinha nas mãos um caderninho e não tirava os olhos de suas páginas. Com isso, ela não via as vitrines, as flores e as pessoas que circulavam pela rua. Ia com o olhar fixo nas páginas do caderninho de capa preta. Enquanto via essa cena eu pensava: "Nossa! Essa mulher deve ser a pessoa mais estudiosa que existe no planeta. Ela só tem olhos para o caderno". Mas seu rostinho triste, sua roupinha velha e seu jeito tão abandonado não me pareciam ser de uma vencedora.

Quando abri meus olhos, relatei minha visão e perguntei a ela:

— O que você sentiu ao ouvir a descrição dessas imagens?

Percebi que seus olhos estavam inchados de tanto chorar. Entre soluços ela me disse:

– É o caderno da minha mãe, no qual ela anotava as frases que me dizia o dia inteiro: "Você nunca vai ser nada! Você é feia! Você não presta para nada! Você vai ser uma vagabunda! Só seu irmão tinha valor e ele morreu! Você é quem deveria ter morrido!" Amanhã, Izabel – continuou ela, expressando muita raiva –, eu vou trazer os cadernos para você ver!

E deixou na portaria do meu consultório os cadernos de capa preta. Abri um por um e dentro deles encontrei orações, anotações de dívidas, contas da padaria, datas de viagens e visitas a médicos... Pedi que ela voltasse a me ver. E, quando falamos sobre isso, ela me respondeu:

— Não importa o que ela escreveu. Para uma menina de 1, 2, 3, 4, 5, 6... anos, quando ela pegava o caderno preto, para minha mente, ela escrevia minha sentença. Se hoje sou uma profissional que não consegue vencer na vida você já viu onde isso foi decretado.

Vou parar o caso por aqui porque não temos espaço para ir com ele até o final. O que quero dizer é que, pela repetição das ameaças que fazia àquela menina, esse ser adulto impregnou sua mente criadora com as holografias que vi e que ela identificou como suas experiências de vida.

Tentei fazê-la ver primeiro o que foi bom nessa experiência, depois fizemos vários exercícios para perdoar e libertar sua mãe, em seguida praticamos exercícios de reconciliação com a abundância e a prosperidade, a fim de eliminar a culpa. Nossa intenção era exatamente substituir os velhos comandos por novas imagens, mudando assim as experiências daquela mulher.

Com isso, quero dizer que você tem as ferramentas para mudar sua vida. Para escolher viver na luz e na plenitude do seu ser. Perceba o que não está bom. Dê uma imagem para essa percepção. Feche os olhos e reverta essa imagem criando algo de que goste mais para colocar no lugar dela.

Você não faz isso com seu corpo? Quando percebe que está com alguns quilinhos a mais não inicia um regime para eliminá-los? Quando não gosta de uma parte do seu corpo não a transforma com malhação ou mesmo cirurgias corretivas? Por que com a mente seria diferente, se o corpo físico é apenas uma função de todo esse poder energético criador e realizador?

Peço que você continue a fazer por mais sete dias o exercício do terceiro passo. Suas respostas são tão positivas que quero que você o faça por mais um tempo. Com isso, serão catorze dias de exercício e você estará pronto para o quinto passo.

QUINTO PASSO

Praticando exercícios com imagens mentais para se libertar dos opressores

No primeiro passo você aprendeu que crenças criam experiências. No segundo, percebeu que há uma conexão inseparável entre corpo, mente e espírito. No terceiro, tomou conhecimento de que a desabituação é uma forma de quebrar uma crença. No quarto, pedi que você visse sempre primeiro o que é bom em tudo que lhe acontece. No quinto, vamos falar sobre a liberdade. E, para começar, gostaria de afirmar que só será possível sentir, viver e transmitir liberdade se estivermos pacificados com as regras sagradas da convivência humana.

E quais são essas regras?

As dez primeiras estão escritas nos dez mandamentos. Gostaria de deixar aqui registrado meu entendimento sobre os dez mandamentos e agradecer ao dr. Gerald N. Epstein, que me ensinou isso numa de suas fantásticas aulas.

O primeiro diz: "Não terás outros deuses". Esse é um conselho para que não se idolatre nada nem ninguém além da força do Espírito que tudo sabe e tudo vê e que está refletida, como num espelho, em cada um de nós. Isso significa também moderação naquilo que fazemos e especialmente no que acreditamos ou depositamos nossa alma e nosso coração.

O segundo: "Não farás para ti imagem de escultura, nem semelhança alguma do que há em cima nos céus, nem embaixo na terra, nem nas águas debaixo da terra". Para mim, há aqui uma sugestão de que não devemos projetar imagens de poder em nossa mente. Isso nos torna escravos de idéias, de pessoas e de situações, formando no nosso mundo holográfico crenças que depois nos transformam em servos daquelas idéias que criamos para nós ou que deixamos que outros criem. Preste muita atenção naquilo em que as pessoas querem que você acredite.

O terceiro mandamento fala sobre não adorar ou cultuar essas imagens porque: "Eu sou o Senhor teu Deus, Deus zeloso, que visito a iniqüidade dos pais nos filhos até a terceira e a quarta geração daqueles que me aborrecem, mas faço misericórdia até mil gerações daqueles que me amam e guardam meus mandamentos". Com isso, penso que devemos aprender a não desafiar a força desse Espírito que tudo sabe e tudo vê e que acima de tudo é justo. Tão justo que poderá atuar em nossa linhagem até a quarta geração. Com isso, retiramos todo o poder das mãos dos seres humanos, impedindo que um semelhante interfira no meu destino. Passo então a viver de forma pura e verdadeira, almejando ser contemplado com o bem maior. Ao experimentar a vastidão desse sentimento de entrega ao bem e ao justo cessa totalmente a escravidão. Os dez mandamentos aconselham também que nenhuma ação seja tomada em nome de Deus. Você já percebeu quantas guerras acontecem hoje em nome Dele? Quantos políticos desviam o curso da humanidade em nome Dele?

O quarto mandamento diz que o sábado deve ser lembrado e santificado. E isso me remete aos grandes centros econômicos que trabalham 24 horas, não dando aos empregados um dia sequer de descanso. A ganância desmedida, o desejo do poder material aumentando cada vez mais. Com isso, todo o nosso sistema sofre. As famílias, que vêem seus provedores serem roubados do convívio pelo empregador ganancioso que quer cada dia mais e mais. A mente, que se esgota enviando ao corpo físico um sem-número de sinais de doença e desconforto.

O quinto mandamento diz: "Honra teu pai e tua mãe, para que se prolonguem os teus dias na terra que o Senhor, teu Deus, te dá". Esse mandamento parece ser o mais claro de todos. Sendo a família a base de tudo, como podem filhos e pais estarem brigados ou distantes emocionalmente se um é a continuação do outro? Como poderei praticar a convivência pacífica no mundo lá fora se no meu mundo particular e íntimo não a pratico? A base da paz no mundo está nessa convivência, nesse ensinamento de tolerância, respeito e compaixão, que devemos reproduzir não apenas verbalmente, mas demonstrar com nossos pensamentos, atos e ações no dia-a-dia, com nossa pequena família de sangue e com nossa grande família cósmica.

O sexto mandamento diz: "Não matarás". E isso, para mim, quer dizer literalmente: não tire a vida do outro, mas também não mate um casamento interferindo na relação, não mate a esperança de um filho afirmando que ele é incapaz, não mate uma nação deixando que seu povo passe fome e viva na ignorância, não mate a esperança de uma vida que nasce sem recursos de sobrevivência, não mate o orgulho de uma raça porque ela é diferente da sua...

O sétimo mandamento decreta: "Não cometerás adultério", e isso para mim é muito mais do que trair o marido ou a mulher. Para mim, a fofoca é uma forma de adulterar a verdade e a inveja é uma forma de adultério porque quero para mim o que é do outro. Experimentar todas as técnicas de cura ao mesmo tempo é outra maneira de adulterar energias. Procure no dicionário os sinônimos da palavra "adulterar": falsificar, corromper... Você verá o alcance desse mandamento.

O oitavo mandamento diz: "Não dirás falso testemunho contra teu próximo". Isso, para mim, é a definição mais precisa do ato de julgar o outro. Quantas vezes falamos das pessoas, ignorando o poder das palavras e a qualidade de energia que cada uma gera? Apontamos o dedo indicador em direção a elas – que, na maioria das vezes nem estão presentes – e desatamos a analisar seus atos e comportamentos sem nos darmos conta de que quando usamos o dedo acusador para uma pessoa o polegar aponta em nossa direção. Quanta gente carrega na alma a dor de ter sido acusado falsamente, de ter recebido uma carga de violência e ódio que não merecia, de ter sido banido de um grupo ou mesmo da família? Tenho observado, nas escolas, as maldades que as crianças fazem umas com as outras e o sofrimento que isso causa em todas elas. Certamente essas crianças aprenderam esse comportamento observando os adultos, assistindo aos programas de televisão em que a fofoca, o preconceito e a maldade quase sempre imperam.

O nono mandamento afirma: "Não furtarás". Entendo isso desde furtar um parafuso até furtar o tempo do outro, os sentimentos, as verdades, as idéias e os ideais, as horas indevidas de trabalho, a inocência, a honra, a dignidade, o corpo físico, a liberdade em todos os seus aspectos.

Eis o último mandamento: "Não cobiçarás a casa do teu próximo. Não cobiçarás a mulher do teu próximo nem seu servo, nem sua serva, nem seu boi, nem seu jumento, nem coisa alguma que pertença ao teu próximo". E eu acrescentaria: nem o território que lhes pertence, nem os filhos que eles criaram com amor profundo e que agora vêem partir para a guerra.

Seguindo esses dez mandamentos, com certeza você terá motivos de sobra para se sentir completamente livre. E, se ainda for preciso, fica aqui um exercício para você fazer durante sete dias, sempre ao acordar e antes de se deitar. Sentado, com as mãos apoiadas nas pernas e os olhos fechados, respire lentamente três vezes e leve sua atenção para a intenção deste exercício, que vai durar apenas alguns segundos.

Exercício da liberdade

Veja, sinta, perceba e imagine que há dez braços no seu corpo e que cada braço está atado a uma violação de um dos mandamentos. Perceba que ao ter seus dez braços amarrados você está sem condições de ser livre para agir. Respire uma vez e sinta a presença do seu Grande Ser, que tudo sabe e tudo vê, e deixe que Ele, agora, solte os seus dez braços e lhe dê de volta seus dois braços equilibrados e justos. Abrace esse Guia e saia correndo desse lugar. Encontre a estrada da liberdade: ela é aberta e reta e leva você até o horizonte, onde um sol poderoso também espera pelo seu abraço. Abrace o sol e sinta que venceu. Então, respire a liberdade e abra os olhos.

SEXTO PASSO

Conhecendo um pouco mais o cérebro humano como função da mente

No primeiro passo você aprendeu que crenças criam experiências. As crenças negativas criam experiências negativas e as positivas, experiências positivas.

No segundo passo, você percebeu que há uma conexão inseparável entre corpo, mente e espírito. O corpo é função da mente e denuncia as memórias nela guardadas de diferentes formas. Uma delas é a doença.

No terceiro passo, você tomou conhecimento de que a desabituação (mudar hábitos) é uma das formas de quebrar uma crença.

No quarto passo, pedi que você vivenciasse sempre primeiro o que é bom em tudo que lhe acontece.

No quinto passo, falei um pouco sobre como vejo os dez mandamentos: como regras de educação e disciplina de vida. O cumprimento dessas regras nos liberta dos controladores e opressores.

No sexto passo, vamos falar um pouco mais do que a neurociência tem descoberto sobre o funcionamento de nosso cérebro.

Mas antes vou comentar alguns e-mails que tenho recebido sobre esses dez passos.

Algumas pessoas, por exemplo, estão gostando muito de um exercício proposto e querem repeti-lo por mais do que sete dias. A resposta é que podem fazê-lo por mais sete ou catorze dias, cumprindo um ciclo total de 21 dias. Depois, se quiserem, podem iniciar o outro e seguir a mesma metodologia.

Outra pergunta que tem surgido muito é se podemos fazer dois ou mais exercícios ao mesmo tempo. Eu diria que misturar intenções é uma forma de adulterar os resultados (como vimos no quinto passo). Nos exercícios com imagens mentais trabalhamos com a intenção, o foco. Uma intenção de cada vez. No entanto, se a intenção for a mesma, poderemos então fazer mais de um exercício para aquela específica intenção.

Pessoas perguntaram se podem fazer o exercício deitadas. Nunca. Exercícios com imagens mentais não são práticas de relaxamento. São formas de trabalho. E, para a mente, trabalhamos sentados, e não deitados.

Continuando, então, o tema proposto para o sexto passo, falarei um pouco das novas descobertas dessa medicina comportamental que finalmente despertou para uma conexão entre corpo e mente e que nos explica essa conexão pelo funcionamento do cérebro humano.

O dr. David Servan-Schreiber – autor do livro *Curar: o stress, a depressão e a ansiedade sem medicamentos nem psicanálise* (São Paulo: Sá, 2004) – diz que existe um cérebro dentro de outro cérebro. Ao que ele identifica como um cérebro primitivo, mais antigo, chama cérebro límbico ou emocional e, ao outro, cérebro cognitivo ou racional. Para os estudiosos, o cérebro límbico "é um posto de comando que recebe continuamente informações de diferentes partes do corpo. Ele responde regulando o equilíbrio fisiológico do corpo [...]. O cérebro emocional está, portanto, quase mais intimamente relacionado ao corpo do que o cérebro cognitivo. E é por isso que é muito mais fácil acessar emoções pelo corpo do que pela linguagem verbal".

No cérebro límbico (ou emocional) nossas memórias estão guardadas desde os tempos mais remotos em forma de imagens, símbolos e metáforas. É nessa parte do cérebro (função da mente) que guardamos nossos medos, nossa raiva (mesmo a raiva animal) e nossos sentimentos muito primitivos, dos tempos em que ainda vivíamos divididos entre lutar ou fugir.

A consciência, o racional e a lógica, segundo os cientistas, moram no cérebro cognitivo e devem entrar no cérebro emocional para levar luz e conhecimento para que nossas respostas emocionais sejam equilibradas.

Mas nem sempre isso é possível. Nos traumas ou eventos significativos, podemos criar barreiras fortes e resistentes entre esses dois cérebros, e isso explica as reações emocionais de medo, pânico, agressividade – e muito mais –, que parecem vazar do nosso cérebro primitivo diretamente para nossas ações aqui no mundo de fora.

Tudo isso para dizer que essa explicação dos cientistas faz enorme sentido para mim, que tenho esse dom de entrar no cérebro emocional e descrever as imagens lá guardadas, sendo meu maior esforço criar exercícios para que as pessoas vençam a barreira que pode existir entre o cérebro emocional e o cérebro cognitivo, levando, pela prática dos exercícios de imagens mentais, consciência e luz ao que antes estava no inconsciente e na escuridão e tornando positiva a experiência aqui neste mundo.

Podemos dizer que no cérebro límbico ou emocional guardamos nossas crenças e nossos padrões fotografados em forma de imagens ou símbolos que têm força e poder energético para vibrar na realidade física.

Atingir essas memórias guardadas no nosso cérebro primitivo pode também ser conseguido pelo toque no corpo físico, durante as sessões de hipnose; pelo entendimento dos nossos sonhos, na arteterapia, no tratamento com florais, nas massagens de um modo geral, nas técnicas corporais específicas como *rolfing*, RPG, enfim, por centenas de recursos que hoje temos à nossa disposição. Uso exercícios com imagens mentais porque é o que sei fazer como complementação do meu dom.

Como o sexto passo foi mais teórico, sugiro que você faça por mais sete dias o exercício proposto no quinto passo.

SÉTIMO PASSO

A parte contém
o todo

No primeiro passo você aprendeu que crenças positivas criam experiências positivas e crenças negativas criam experiências negativas.

Com o segundo passo, você vivenciou uma conexão inseparável entre o corpo, a mente e o espírito. O corpo, como função da mente, denuncia todos os sentimentos que ela armazena, sendo a doença o exagero do sentimento não expresso.

No terceiro passo, você viu que a desabituação é uma forma de mudar uma crença. Por isso está tentando quebrar as rotinas emocionais de sua vida.

No quarto passo, resolvemos que vamos sempre primeiro ver o lado bom das nossas experiências.

No quinto passo, mergulhamos nos dez mandamentos e recriamos com eles normas para de forma saudável.

No sexto passo, falamos das novas descobertas da neurociência, área do conhecimento que afirma haver um cérebro emocional, primitivo, réptil, dentro de um cérebro cognitivo, racional, consciente; e que esse cérebro emocional está intimamente ligado ao nosso corpo físico.

Agora, no sétimo passo, tentaremos mostrar que somos todos um e que a parte contém o todo. Quero começar com uma experiência que tive ao caminhar e que me inspirou fortemente a escrever este passo.

Ao voltar do meu passeio matinal resolvi entrar num supermercado para comprar uma fruta. Olhei aquele jardim de Deus multicolorido, repleto de formas e texturas, e fiquei sem saber que fruta "colher" daquele pomar tão generoso e vasto.

Olhei para uma cesta com lindas pêras e um cartaz que dizia: "Pêras portuguesas". Claro que não resisti. Peguei uma, paguei, lavei e saí mordiscando uma beiradinha, mantendo os olhos fechados. Senti, naquele instante, que aquela pequena parcela de pêra continha Portugal inteiro. A terra generosa, o sol forte, a chuva, as mãos do homem que lavrou a terra, a mão da mulher que colheu a pêra e assim por diante.

Senti fortemente a verdade dessa afirmação e continuei caminhando e pensando em como somos todos uma mesma energia, precisamos cada dia mais tomar ciência do que pensamos, de como agimos, do que criamos, porque a dor de um é a dor do outro, a guerra daquele é nossa também. (Viu como é sempre mais fácil escrever sobre as coisas negativas? Vou mudar meu texto e ver primeiro o que é bom.) A caridade de um é a caridade de todos, o amor que sentimos pelo outro é o amor que o outro sente pelo outro e por nós, nossos desejos são os desejos de todos, nosso cuidado com a terra é o cuidado de todos e assim por diante.

Essa integração é a mesma integração que devemos buscar na vida. Queremos integrar nossas partes e nosso todo ao TODO, tornando-nos unos com o universo. E, como já vimos, o universo é sábio e tem uma inteligência tão vasta que não podemos ainda calcular. O universo fala a linguagem da abundância, do amor, da generosidade, da justiça e da beleza. Não é isso que você está procurando? Então, observe o universo, copie suas leis e seus procedimentos e verá que ele não põe, por exemplo, num mesmo buraco três sementes de diferentes espécies. Por que insistimos em fofocar, interferir em relacionamentos já estabelecidos e intermediar ações com as quais não concordamos? Quando então vem o furacão sobre nós, ficamos sem entender por que isso aconteceu. Veja a natureza. Quantos desmatamentos estamos fazendo nas florestas do mundo? Todo o planeta está sofrendo com essa destruição. E como essa ação de partes afeta o todo? Você já viu ou vivenciou um temporal que inunda as cidades e acaba com tudo? Pois é. A cidade e cada habitante em particular sofrem tanto quanto o solo e a floresta.

Comece integrando corpo, mente e espírito. Para isso, use a força dos exercícios com imagens mentais. Eles integram o todo, ligam o corpo à mente e ao espírito, trazendo para nossa experiência de vida a luz, a harmonia e o equilíbrio, a totalidade e a integração.

Os exercícios com imagens mentais fazem você voltar para dentro de si próprio, descobrir a crença que está bloqueando suas experiências positivas, trabalhar essa causa e colocar no lugar dela uma imagem de triunfo. Repetindo a prática muitas vezes, a mente consegue substituir a força da imagem não tão boa por uma imagem que você escolheu como boa.

Deixo aqui, se você quiser fazer, um exercício com essa intenção. Faça-o por sete dias ou mais (até 21 dias). Se preferir não parar o que está fazendo, deixe para começar esse exercício quando tiver terminado o outro. Faça sempre ao acordar e antes de se deitar.

Sentado, com os olhos fechados, respire lentamente três vezes e leve sua atenção para a intenção deste exercício, que vai durar apenas alguns segundos.

Exercício da integração

Sinta-se sozinho num deserto onde vê ou percebe seu corpo frágil e faminto. Sem forças para andar e sentindo-se afastado do seu todo, e do Todo que tudo sabe e tudo vê, respire uma vez e imagine-se soprando essa imagem para sua esquerda e recebendo, pela sua direita, um oásis repleto de água, frutas, vento e sol. Corra para esse oásis e integre-se à grandeza, à generosidade e ao amor do universo. Então, percebendo ou vendo o que acontece, respire e abra os olhos.

OITAVO PASSO

A mente, como o corpo,
precisa de musculação

No primeiro passo você aprendeu que crenças negativas criam experiências negativas e que crenças positivas criam experiências e ações positivas.

Com o segundo passo, você vivenciou uma conexão inseparável entre o corpo, a mente e o espírito.

No terceiro passo, acreditou que a desabituação é uma forma de quebrar a rotina repetitiva dos nossos hábitos, experiências e ações.

No quarto passo, prometemos que vamos sempre ver primeiro o lado bom das nossas experiências.

No quinto passo, revimos os dez mandamentos numa ótica bem prática, diferente daquela que a Igreja Católica nos mostrou.

No sexto passo, falamos das novas descobertas da neurociência, que está provando que, na verdade, existem dois cérebros. O cérebro emocional, que guarda nossas memórias em forma de símbolos, imagens, metáforas e que está conectado ao corpo físico, e o cérebro cognitivo, mais recente, que armazena nosso racional, nossa consciência, nossa forma de organizar as coisas (descoberta essa que já havia sido feita, de outra maneira, por iluminados, cientistas, astrônomos, espiritualistas e sábios desde os mais remotos tempos).

No sétimo passo, mostramos que a parte contém o todo e como senti essa experiência ao morder uma pêra portuguesa. Senti – na primeira mordida – todo o país, Portugal, naquela textura, naquele sabor.

No oitavo passo, vamos falar sobre a musculação que precisamos fazer todos os dias com a mente. Assim como vamos à academia cuidar do corpo para, na repetição dos movimentos, calcular quanto queremos aumentar, desenhar e embelezar nossos músculos, devemos fazer o mesmo com nossa mente. Para isso existem muitas práticas, como a meditação, a ioga, manter a pureza dos nossos pensamentos, a generosidade, a recusa constante e vigiada de fazer fofoca, de julgar ou avaliar as pessoas. Ou tudo isso ao mesmo tempo.

Tenho praticado exercícios com imagens mentais e posso sentir a mudança incrível da minha vida a cada dia. Vejo esse resultado também na mente dos meus pacientes, que, depois de ser novamente visualizada, numa segunda sessão, após o paciente ter feito os exercícios de correção de suas imagens, mostra as novas imagens lá colocadas pela repetição.

Todas as manhãs, ao acordar, sento-me na beirada da cama, fecho os olhos e faço um exercício de limpeza da mente, colocando lá tudo que desejo viver naquele dia. Em seguida, lavo meu corpo e aproveito sempre a água que escorre do chuveiro para pedir à minha mente que limpe minhas células por dentro, como se aquela água estivesse vindo de uma fonte saudável, descontaminada, limpa, com o poder de levar para o ralo todas as minhas impurezas de pensamentos, palavras e ações.

Então, passo o resto do dia tentando impedir que pensamentos tóxicos ou repetitivos invadam os espaços dos meus minutos. Faço isso imaginando flores se abrindo, cantando mentalmente mantras sagrados, rezando orações curtinhas que invento enquanto dirijo ou ando na rua. Ou mesmo imaginando pequeninas tesouras de ouro voando ao redor do meu corpo, cortando qualquer pensamento não muito bom.

Quando vejo algo violento acontecendo, digo mentalmente para mim mesma: "Isso que meus olhos e meus sentidos captam está acontecendo fora de mim. Dentro do meu ser há luz e paz, beleza e gratidão. Dentro do meu ser há um jardim de lírios brancos e o perfume desses lírios exala durante todo esse momento, levando – para essa situação que meus olhos vêem e meus sentidos sentem – harmonia, doçura, entendimento e perdão.

Dentro de mim há um altar igual ao que construí fora, e sobre esse altar estão minhas oferendas de abundância e generosidade, que estendo, nesse instante, a essa situação que meus olhos vêem e meus sentidos captam".

Essa é uma forma de exercitar a mente, obedecendo apenas ao que já dizia o Grande Mestre: **"Vigiai e orai!"**

Gostaria muito que você tivesse a noção concreta do poder da mente. Ela é capaz de realizar todos os seus desejos. Para ela, a imaginação e a realidade são perfeitamente a mesma coisa. A mente não qualifica ou distingue. Ela apenas obedece. Exatamente como nos foi contado no conto do Aladim. Relembre esse conto sabendo que a lâmpada é nosso corpo físico, o gênio, a mente, e Aladim, cada um de nós.

NONO PASSO

Observar, relembrar e refotografar

No primeiro passo falamos sobre o poder dos pensamentos que se transformam em crenças. Estas, por sua vez, se transformam em imagens, imagens que se revelam em nossa experiência de vida e em nossas atitudes. Portanto, prometemos policiar nossos pensamentos.

No segundo passo, entendemos que corpo, mente e espírito estão indelevelmente conectados. São partes inseparáveis de um todo. Nos comprometemos a respeitar e amar nosso corpo como uma função da mente e altar temporário do nosso espírito.

No terceiro passo, acreditamos que a desabituação é uma forma de mudarmos um padrão ou uma crença e passamos a nos esforçar todos os minutos do dia para não repetir nossos velhos e acomodados comportamentos de julgamento, avaliação, expectativa para com o próximo.

No quarto passo, concordamos que devemos parar de ver o lado negativo de tudo. Vamos ver sempre primeiro o que é bom nas nossas experiências.

No quinto passo, estudamos os dez mandamentos numa visão bem diferente da que nos foi ensinada pela Igreja Católica.

No sexto passo, comentamos as mais recentes descobertas da neurociência, que têm tudo a ver com o que os sábios de todos os tempos sempre tentaram nos fazer ver: há um cérebro emocional ligado ao nosso corpo físico, sendo essa via (corpo físico) uma forma imediata de acessar as memórias aí gravadas em forma de símbolos, imagens e metáforas. Sobre ele há um cérebro cognitivo, racional, lógico, que está alerta o tempo todo para o que nos acontece. O importante é abrirmos uma conexão entre esses dois cérebros.

No sétimo passo, mostramos que a parte contém o todo e que somos partículas de um universo que atua sobre uma inteligência potencializada – a qual não alcançamos ainda, mas que está também em nós.

No oitavo passo, falamos sobre a musculação da mente. Como o corpo físico, ela precisa ser treinada todos os dias, e tentamos mostrar a você que os exercícios com imagens mentais são uma forma eficiente de fazer essa musculação.

Agora, no nono passo, vamos falar sobre um importante recurso de crescimento e ampliação da consciência:

observar   relembrar   refotografar

Um filósofo europeu nos ensinou que "ética é estarmos à altura daquilo que nos acontece". Portanto, observe como é sua existência. Olhe bem para seus relacionamentos. Veja – com os olhos de ver – que tipos de pessoa você tem atraído para sua vida. Sinta a energia de sua casa, sua família, seu trabalho.

Observe.

Ouça como você fala com as pessoas. Observe seu tom de voz, o uso dos verbos, a sedução, as promessas que jamais será capaz de cumprir.

Observe.

Veja como você trata seus pais, seus filhos, sua mulher ou seu marido, seu vizinho, seu dinheiro, o dinheiro dos outros, seus amigos, sua cidade, seu país.

Observe.

Observe, porque tudo, exatamente tudo que você faz e do jeito que faz, virá de volta ao seu encontro, revelando pela milionésima vez o poder de causa e efeito e o ditado do filósofo que mencionei há pouco.

Observe.

Recomendo vivamente que leia um livrinho pequeno, mas poderoso, organizado pela escritora Alzira Castilho, que se chama *Como atirar vacas no precipício* (São Paulo: Panda Books, 2000). Nele encontramos uma série de parábolas de várias culturas do mundo. Parábolas criadas pelos mestres espirituais, em que podemos ver muito bem expressa a lei da causa e efeito.

Observe.

Observe a natureza, seu ritmo. Não há flores nas árvores quando o inverno vem. É também uma lição para os invernos da nossa vida. Tempo de nos recolhermos para entendermos processos de perda, de luto, de passagens. É preciso respeitar esses momentos.

Observe.

Observe e relembre que todas as vezes em que não observou ficou na mão do outro, no meio do caos, no desespero, no desamparo, na solidão, repetindo, repetindo, repetindo a lição que você já tinha vivido. Por que vivê-la outra vez?

Observe, relembre e refotografe.

Envie à sua mente novas maneiras de fazer o conhecido, ajude-a a guardar imagens do belo e das novas possibilidades. Descarregue as fotos tóxicas do filme de sua vida. Coloque um filme novo e recomece a fotografar. Você verá que viver é refotografar sentimentos que não fazem mais sentido.

Vamos ao exercício (obrigada pela inspiração, dr. Epstein!).

Sentado, com as mãos pousadas nas pernas, as palmas voltadas para baixo e os olhos fechados, respire lentamente três vezes e volte sua atenção para a intenção deste exercício, que vai durar apenas alguns segundos.

Exercício do novo

Veja-se diante de uma câmara fotográfica imaginária que está sobre um tripé. Essa câmara imaginária tem a capacidade de fotografar como se fosse um aparelho de raio X. Imagine essa máquina fotografando todo o seu corpo externa e internamente. Você não precisa fazer nada. A máquina fotografa sozinha tudo aquilo que sua mente precisa limpar, curar e perdoar. Quando você achar que a máquina já fotografou tudo que era preciso, retire o filme da máquina e atire-o para o infinito profundo. E, sabendo que agora há espaço para novas fotos, imagine a foto que mais deseja ser arquivada em seu coração limpo ou na parte do seu corpo que precisa recebê-la.

Então respire e abra os olhos.

Faça esse exercício durante 21 dias. Pare por sete dias, faça-o por mais 21. Pare por sete dias e repita-o por mais 21. Sempre ao acordar.

Se estiver fazendo outro exercício, guarde este para quando acabar o outro. Lembre-se de que fazemos um de cada vez.

DÉCIMO PASSO

O poder do aqui
e do agora

Primeiro passo: crenças criam experiências.

Segundo passo: corpo, mente e espírito são inseparáveis.

Terceiro passo: quebre os padrões de sua rotina emocional.

Quarto passo: veja sempre primeiro o que é bom.

Quinto passo: pratique os dez mandamentos de forma ampla.

Sexto passo: seu cérebro emocional está intimamente ligado ao seu corpo físico.

Sétimo passo: a parte contém o todo.

Oitavo passo: exercite diariamente sua mente.

Nono passo: observe, relembre e refotografe.

Décimo passo: viva sempre na presença do "presente".

E chegamos ao último passo. O último e talvez o mais importante. Porque a prática dos outros nove passos precisa ser feita fundamentada nesta importante premissa: só há vida no presente.

O passado passou. Já não existe mais e nada nem ninguém o fará existir. Só nossa imaginação é capaz de viver nesse tempo morto. Por meio dela experimentamos sentimentos que se foram, mas deixaram marcas nas nossas emoções e em nosso corpo. E é por meio dela que podemos limpar esses sentimentos, apagando a memória que eles deixaram.

O futuro ainda não chegou. Portanto, é apenas uma possibilidade. Logo, não há outra alternativa a não ser VIVER NO TEMPO PRESENTE. Viver cada segundo com a intensidade de um dia todo, viver como se a vida não fosse continuar no minuto seguinte. E isso exige que estejamos presentes no momento presente. Como?

Ouvindo o que acontece ao nosso redor, vendo o que se descortina sob nossos olhos, sentindo o que tudo isso causa no nosso corpo físico, mental e espiritual. Participando de cada segundo com toda a energia, como se estivéssemos nascendo exatamente naquele segundo. Fique no presente, fale no presente, pense no presente. Viver no passado ou no futuro é muito fácil.

Eckhart Tolle, em seu livro *O poder do agora* (Rio de Janeiro: Sextante, 2002) escreve: "Os problemas são obras da mente e precisam do tempo para sobreviver. Não podem sobreviver na realidade do AGORA. Concentre sua atenção no AGORA e diga-me que problemas você tem neste momento".

Eu diria: os problemas são obras da sua imaginação, que consegue fantasiar o futuro e manter o passado vívido. Os problemas precisam do tempo (passado e futuro) para sobreviver. Concentre toda a atenção no presente, no momento, no segundo em que está vivo e agora me responda: onde estão os seus problemas?

Podemos perceber, muitas vezes, pessoas que estão ao nosso redor e que, na verdade, não estão ali. Falamos, mostramos, desenhamos, fazemos analogias e, quando terminamos, a pessoa faz a mesma pergunta com a qual iniciou a conversa.

Na verdade, as pessoas não querem estar presentes, não querem sentir o impacto que as ações causam. Querem respostas prontas, fáceis. Querem soluções mágicas sem passar por nenhum processo. Querem viver no torpor repetindo situações e sentimentos do passado ou sonhando com situações e sentimentos do futuro.

E, quando não encontram essas respostas fáceis (felizmente, porque elas não existem), dão de ombros e vão em busca de outras formas de obtê-las. Um copo de bebida pode ser uma resposta fácil. Uma relação sexual também pode. O uso de uma droga também pode. E depois que o efeito passar?

Fuja das respostas prontas, imediatas, especialmente quando tem de pagar por elas. Normalmente elas não têm efeito muito duradouro. São respostas ao desejo. Não são respostas para a vontade. São respostas que tiram você do tempo e projetam todo o seu ser no mundo da não-ação.

A vontade é. Está presente ininterruptamente na nossa vida. Norteia, conduz, força nossa atenção o tempo todo. Arranca-nos do mundo das ilusões, do passado e do presente. Para ficar no tempo presente, OBSERVE. Dê um passo para trás e observe quanto nos julgamos e julgamos os outros. Observe-se "fotografando" imagens e lembre-se: elas vão se instalar na sua mente e se transformar em crenças e, logo mais, em experiências.

Observe e denuncie a si mesmo. Com carinho, com doçura, com amizade. Mas diga mentalmente o que você está observando. Diga sabendo que o *self* verdadeiro é observador. Ele ama a verdade. Ele ama você. Ele só fala no tempo presente. Ele quer seu bem e sua felicidade. Sua sobrevivência. O falso *self* só fala no futuro e no condicional. Ele quer desorientar você, quer sua morte.

Para encerrar esta série, vou deixar aqui um exercício que fiz no meu consultório depois de visualizar, na mente de uma paciente, uma cena em que ela era queimada numa fogueira rodeada de pessoas primitivas e decadentes, que riam de seu sofrimento.

Pedi a ela o que vou pedir a você neste momento: mantenha-se sentado, com os pés firmemente apoiados no chão e as palmas das mãos pousadas sobre as pernas. Feche os olhos, respire três vezes lentamente e leve sua atenção para a intenção deste exercício, que vai durar apenas alguns segundos.

Exercício da união

Veja, sinta ou imagine-se no centro de uma praça, sendo apedrejado, criticado, avaliado e condenado por muitos seres primitivos que querem sua destruição. Eles representam aspectos do seu falso ego e querem sua morte. Respire uma vez e imagine que seu corpo vai crescendo, crescendo, crescendo, até ficar cada vez mais leve. É seu verdadeiro ser que tira você dessa situação e coloca todos os seus corpos confortavelmente sentados no alto de uma montanha, de onde você contempla um mar azul e calmo.

Perceba no seu rosto o sorriso do Buda e no seu coração a felicidade eterna. Ela é possível porque você está novamente reintegrado com o universo. E, sabendo que você está livre, vivendo o momento presente, respire e abra os olhos.

Faça esse exercício durante três meses, sempre ao acordar, e sentirá que ele torna você mais compassivo, amoroso e feliz.

IMPRESSO NA

sumago gráfica editorial ltda
rua itauna, 789 vila maria
02111-031 são paulo sp
telefax 11 **6955 5636**
sumago@terra.com.br